一流の人に学ぶ

心の磨き方

悩みが消え迷いがなくなる70の心得

永松 茂久
Shigehisa Nagamatsu

かんき出版

一流の人とは、
ひと握りの特別な人のことではない。
自分の心を磨き続け、
自分を信じることができた
普通の人のことである。

はじめに

「今の自分を変えたい」

「もっと自分を磨きたい」


あなたは今、こう考えているのではないでしょうか？

本書の内容をひと言で言い表すと、心を磨くための本です。

どうやって自分自身の心を磨き、今の自分を変え、人間力を高めていくことができるのか？

私がこれまで接してきた「一流の人」から学んだ、その本質的な答えを紹介していきます。

あなたの人生を豊かにするためのいちばんの方法は、一流のメンタリティーを身につけること、つまり心を磨くこと。

一流の人の考え方を知り、そこから得た〝成功をもたらす原則〟をあなたの人生に取り入れることです。

「一流」と聞くと、ハードルが高いように感じますが、じつは一流への道は、誰にでも等しく開かれています。

ただ、挑戦する前からあきらめている人が多いのも事実です。「あきらめる」というよりも、「そもそも自分には挑戦する資質や才能がない」と思っている、と言ってもいいでしょう。

しかし、あなたは今まさにその一歩を踏み出しました。

なぜなら、あなたが今本書を手にしているということは、あなたが自分を高めることに関心を持っている証だからです。そのこと自体が一流になるための資質であり、才能なのです。

そして、その資質を持っていることこそが、自分を変え、豊かな人生を手にする根っこになるのです。

その事実に対して大きな喜びを感じずにはいられません。

だからこそ、本書を手に取ってくださったことに、「ありがとうございます」という言葉とともに「おめでとうございます」という言葉を贈りたいと思います。

ここまで読んで、「心を磨くことがなぜ、自分を変えることにつながるのか？」と疑問に思った人もいるのではないでしょうか？

たしかに近年、さまざまなスキルを磨くことが、自分を変えるための近道であるかのように語られることが多くなっています。しかし、これはあくまで一過性のものにすぎません。

人を一本の木にたとえると、目に見える枝葉の部分がスキル、つまり〝やり方〟ということになります。

そして、心は地中に隠れた根の部分にあたります。

葉を青々と茂らせるためには、根から吸い上げる栄養が大切。根に栄養を与える作業、それが心を磨くということなのです。

当然ですが、根から栄養が届かなければ枝葉を伸ばすことはできません。ですから、自分を変えるためには、根に栄養を与えること、つまり「心を磨くこと」が必要なのです。


では、心を磨くと何を手に入れることができるのか？

それは、「物事を大きく考えられる視点」です。

たとえば、年収３００万円の人と、年収3億円の人では、数字だけを見ると１００倍の差があります。

では、年収3億円の人は３００万円の人の１００倍働いているのでしょうか？

そんなことは不可能です。むしろ、３００万円の人のほうが自分の時間をすり減らしながら懸命に働いています。

この違いこそが、「物事を大きく考えることができるかどうか？」ということなのです。

つまり、人生の大きさとは、その人の考え方の大きさによって決まるということ。

そして、その違いは「心の在り方」によって決まります。

だから、人生を豊かにするためには、心を磨くことが不可欠なのです。

一流の人は、物事を大きく考えます。
一流の人は本質を知り、実行します。
一流の人は、自分の人生に関心を持ち、それをよりよいものにするために役立つ原則を選び取る知能を持っています。

大きく考えるのも、小さく考えるのも、〝考える労力〟という点では変わりがありません。しかし、大きく考えることで、後者が生み出す何百倍もの人生の利益を手にすることができます。

一流と呼ばれる人たちはみな、その原則を知っているだけなのです。

本書はその考え方の原則を端的にまとめたものであると言ってもいいでしょう。

一流の人は空高く飛ぶ鳥のような広い視点で物事をとらえます。

二流の人は、地面を這いまわる蟻のような狭い視点で物事をとらえます。

一流の視点を獲得するために、特別な才能は必要ありません。
必要なのは、本書で紹介する一流の原則を理解し、「心を磨く」ことだけ。
細かいことにこだわる人生はやめて、大きく考えましょう。

さあ、あなたの人生を大きく変える、「一流の人の考え方」という、心を磨くためのソフトのインストールをはじめましょう。

２０１７年８月

永松　茂久

一流の人に学ぶ心の磨き方　もくじ

第1章 信条【principle】ぶれない覚悟を磨く

第2章 姿勢

一流の基本を身につける【attitude】

第3章

成長

【prosper】

変化を恐れない心をつくる

第4章 学び
生き抜くための武器を手に入れる【learn】

第5章 自信
自己肯定感を高める【self confidence】

第6章 人望

愛に基づき人を導く【respected】

第7章 貢献

与えることの大切さに気づく【contribution】

第8章

人間関係

自分も相手も幸せにする

【relationship】

第9章

逆境

困難を乗り越え力に変える

【adversity】

第10章 感謝

感謝の本当の意味を知る

【gratitude】

第11章

夢

【ambition】
志で人の心を動かす

編集協力　西沢泰生
装幀　井上新八
本文デザイン　荒井雅美（トモエキコウ）
DTP　野中賢（株式会社システムタンク）

第1章
信条

ぶれない覚悟を磨く

【principle】

Section

01 すべての人から好かれようとしない

大多数の人は、人から嫌われることを恐れて、つい相手に合わせようとしてしまいます。

しかし、一流の人は無理に相手に自分を合わせるようなことはしません。

好感度ナンバーワンのタレントでも、ハリウッドの大スターでも、必ず〝アンチ〟は存在します。

たとえ神様であっても、別の神様を信じている人からは見向きもされません。

「誰からも好かれること」は、神様にもできない「超神ワザ」なのです。

そんな不毛なことに挑戦するのはやめましょう。

誰しも、生まれてからずっと歩んできた道があり、そのなかで自分なりの価値観を培ってきていきます。人の価値観はこの世の中に一つとして同じものはありませんので、一人ひとりの価値観に自分を合わせていたら自分が何人いても足りません。

もしあなたの目の前に合わない相手がいたとしても、「あたり前のこと」と割りきることが合理的です。

そんな相手とは適度な距離を保ち、あなたのことを本当に理解してくれる人との関係をより深めることに集中しましょう。

POINT

一流の人は、相手に無理に合わせようとしない。

Section

02

自分の心に素直に生きる

成功するための条件は、〇〇を捨てること。

あなたは、この「〇〇」の部分にどんな言葉が入ると思いますか？

答えは「思い込み」。

成功するための条件は「思い込みを捨てること」なのです。

たとえば、「まわりの意見には従うべき」「失敗しないよう慎重に行動すべき」「いい会社に就職すべき」……。

社会的な制約は別として、あなたの考え方や発想の制約、言葉を変えれば「足かせ」になっているものの正体、それこそが「思い込み」です。

多くの人は、無意識のうちに「思い込み」という鎖につながれて、自由に生きることができなくなっているのです。

こういった思い込みは、けっしてあなたのなかから生まれたものではありません。子どものころから刷り込まれてきた「〇〇すべき」という他人の言葉によって醸成されたものです。

こうした、他人からの「べき」を基準にする生き方を「ハフトゥー（Have to）」な生き方。

自分の責任のなかで、やりたいことをする生き方を、「ウォントゥー（Want to）」な生き方といいます。

一流の人は、当然後者、「ウォントゥー」の世界の住人です。

「いやいや、ウォントゥーだけで生きられるほど人生は甘くない。そんなの一部の人間だけだよ」と思われるかもしれません。

しかし、それこそが、「思い込み」ではないでしょうか？

他人からの「べき」に影響された窮屈な思い込みの世界から飛び出してみませんか？
あなたの人生はあなたの好きなように生きていいのです。
一流の人は、自分の人生の冒険の責任を自分でとると決めています。
覚悟があるからこそ、一流の人たちはみな自由なのです。

POINT
一流の人は、「思い込み」にとらわれず自由に生きる。

Section
03
自己中心的に生きることをいとわない

あたり前の話ですが、世の中にはいろいろな環境で育った人がいます。親が裕福で恵まれた環境で育った人もいれば、満足な教育も受けられないような環境で育った人もいます。

不幸な環境で育ったことが原因で、自分の境遇をついまわりの人や環境のせいにしてしまう人も少なくありません。

ところが不思議なことに、同じような極貧の環境で育っても、その経験を糧にして、逆に奮起し、裕福な家庭で育った人よりもはるかに大きな成長を手にする人がいるのです。

この違いはどこからくるのでしょうか？

それは、その人が受動的に生きているか、能動的に生きているかの違いです。

人生は、まわりの環境に流されずに自分で道を切り開き、能動的に生きられるかどうかで決まるのです。

以下に、受動的な人の特徴と、能動的な人の特徴を列挙してみましょう。
受動的な人の特徴は次のとおりです。

「まわりの人の言葉に流される」
「天気など、どうにもならないことを気に病む」
「文句や愚痴が多い」
「すぐに相手を攻撃する」
「人を当てにする、依存する」

次に、能動的な人の特徴です。

「何が起こっても、何を言われても気にせず、自分の価値観に基づいて行動する」

「天気なんか気にしない。雨でも心は晴れ晴れ」

「他人のせいにしない」

「いつも機嫌がいい」

「自分の力で人生を切り開こうと考えている」


どちらが一流の人のマインドなのか？　説明する必要はないはずです。受動的な発想で生きるか、能動的な発想で生きるかで、物事のとらえ方一つひとつに圧倒的な違いが生まれます。

一流の人はいい意味で自己中心的なのです。

あなたは、どちらの考え方を基準にして生きていきますか？

POINT

一流の人は、一貫して能動的に生きる。

Section

04

決断を他者に委ねない

たとえば、会社を辞めて起業しようとしている人がいるとします。

その人は、知り合いに自分が考えている起業のアイデアを話して、「うまくいくと思うか？」とアドバイスを求めます。

知人から「おもしろそうだ。ぜひやってみては」と言われたその人は、会社を辞めて起業。しかし、思っていたほどうまくいかず、すぐに行き詰まってしまいます。

そのとき、うまくいかない人は自分にアドバイスをしてくれた知人についてこう言います。

「ああ、あいつのアドバイスを聞いて起業したらとんでもない目に遭った。あいつは本当にひどいヤツだ……」

ここまでわかりやすい話ではなくても、この「他人のせいにする病」にかかっている人はたくさんいます。

「自分が出世できないのは、あの上司のせいだ」
「企画がうまくいかなかったのは、予算をくれなかった会社のせいだ」
「就職できないのは、社会のせいだ」

こういう考え方をする人は少なくありません。

自分に決定権のない子どもならまだわかります。しかし大人になってからも、ずっと「あの人が悪い」「あの人のせいだ」と言い続けているのはいかがなものでしょうか。

「○○のせい」と考える習慣を持ち続けるかぎり、けっして幸せはやってきません。

一流の人は、人間関係も、自分の進むべき道も、日々の行動も、結局はすべて自分が選んだものであり、すべての責任は自分にあるということを知っています。

誰から何かをすすめられても、気乗りしなければ断ればいいのです。

一流の人は他人に流されず、自分の心に従って決断します。

「迷ったらゴー」という言葉がありますが、一流の人は、迷ったときには止まります。本当に進むべき道ならそもそも迷うことがないからです。

「心の声」を聞いて、違和感があるときは立ち止まってみてください。すべての決定権と責任は自分にあるのですから、止まるのも進むのも自分自身で決めればいいのです。


人生の決断を他人任せにしてしまうと、こうした「心の声」を感知するセンサーも鈍ってしまいます。

一度きりの人生。主人公は他人ではなく、あなた自身なのです。

POINT
一流の人は、自分の心の声に従って行動する。

Section
05 「一人でもやりきる」という覚悟を持つ

一流の人は、何かをはじめようと決断したとき、「たとえ一人でもやりきる」と覚悟を決めます。

もちろん、必要に応じて人に協力を仰ぐことは悪いことではありません。

同じ志を持つ仲間を集めることもしかり。何も、一匹狼でがんばらなければいけないと言っているわけではありません。

一流の人は、結果的に一人でやらなくてはならない状況になっても、いっさい揺るがない強い意志を持っているということです。

そして、その強い意志が、結果的に協力者を引き寄せます。

「一人でもやる」という覚悟を持っている人は、かえってまわりの人間を巻き込むパワーを持っているのです。

「みんなで力を合わせてがんばろう！」と言い合うのは、一見美しい光景に思えます。

しかし、それでうまくいくのは各自が自立している場合にかぎられます。

各自が自立せずおたがいに依存するだけの集まりなら、けっしてうまくいくことはありません。

ぜひ、あなたも「一人でもやりきる覚悟」を持ってください。

そうすれば、そんなあなたの姿に人は引き寄せられて、信頼できる仲間が増えてくるはずです。

POINT

一流の人は、覚悟で人を引き寄せる。

Section
06
「自分との別れ」を恐れない

人生に「別れ」はつきものです。

学生時代から現在に至るまで、あなたもたくさんの人たちとの出会いや別れを経験してきたはずです。

学生時代の別れは、おもに進級によるクラス替えや卒業、転校によるもの。

いずれにしても、その「別れ」は、学校の制度によるものでした。

ところが大人になると、たとえば、あなたが新しい価値観と出合うことでまわりの人たちとの考え方にズレが生じ、進む方向が異なってしまうことで別れるというケースが出てきます。

そして、あなたが成長を決意したとき、絶対に避けられない「別れ」があります。

それは、「自分自身との別れ」。それまでの自分との別れです。

新しい社会に出るために、学生時代の守られた環境のなかで、同じ世代の仲間と培ってきた過信と別れなければいけないとき。

人生のメンターと呼べるような人と出会い、その考え方に影響を受け、自分のそれまでの間違いに気がついたとき。

新しい価値観と出合い、過去の自分やそれまでに培った自分の思い込みと別れなければいけないときが必ずやってきます。

「これまでの自分との別れ」は辛いものですが、自分の成長のためには必要なステップなのです。

一流の人は、成長のためにはときに自分自身とすら決別しなければならないことを知っています。

「別れの辛さ」に耐えて、成長を遂げることでしか新たな世界への扉を開くことはできないと心得ているのです。

成長するためには「自分との別れ」を恐れてはいけません。

迷うことなく、自分の信じる道を歩んでください。

自分との別れを決断することは、次の世界であなたを待っている新たな自分と出会うための「準備の儀式」と言えるのです。

POINT
一流の人は、前に進むために「これまでの自分」という殻を脱ぎ捨てる。

Section

07 その他大勢の声ではなく、自分自身を信じる

一流の人は、自分が歩む道を自分の信念に基づいて決めています。

自分の立ち位置を決めるときに、「まわりの大多数が、こっちが正しいと言っているから自分もこっち」という日和見主義的な決め方はしません。

もちろん、たんに「大多数がこっちと言っているから、自分は反対を選ぶ」というのは、ただの天邪鬼《あまのじゃく》です。

そうではなく、まわりに流されることなく、自分の考えで決断するということです。

社会人なら、ときには自分の意見を押し殺してまわりの意見に従わなくてはいけないケースもあるでしょう。

しかし、そのとき「不本意だがしかたがない」という思いだけは持っていないと、

いつも流れに巻き込まれるだけの人間になってしまいます。

世間やまわりの人がなんと言おうと「自分の進む道は自分で決めるのだ」という姿勢を貫ける人を目指してください。

そうすれば、万が一信じていたものが間違っていても、その失敗を次に活かすためのいい学びに変えることができます。

まわりに流されない人には、支援者が集まってきます。

世の中の流れに従うことなく、根拠が薄かろうと、自分が信じる道を貫く。そういう人間は、評価され、信用されます。だからこそ一流になり得るのです。

POINT
一流の人は、たとえ失敗しても最後まで自分を信じきる。

第2章
姿勢

一流の基本を身につける

【attitude】

Section
08
他人の幸せのために、自分の幸せを犠牲にしない

奉仕の精神が身についている人は、「目の前にいる人が笑顔になると、自分も幸せな気持ちになれる」ことをよく知っています。

どんなに大変なお手伝いを無償でやっても、自分自身が幸せな気持ちになれるから、そう行動するのです。

しかしここで覚えておくべき大切なポイントがあります。

それは、「相手の幸せのために、自分の幸せを犠牲にしてはいけない」ということです。

想像してみてください。

たとえば、ボランティア活動に参加するために、家族や職場の同僚をほったらかし

にしてしまったとしたらどうでしょう？

誰かを助けるために、大切な人や、自分自身の生活を犠牲にしてしまっては、本末転倒です。

自分の幸せと他人の幸せは表裏一体。片方だけでは成り立ちません。

自分のことを考えるのはけっして悪いことではありません。

自分のこと「だけ」しか考えないからよくないのです。

本当に人のためになることは、必ず自分自身も幸せにしてくれます。

そして、本当の意味で自分のために生きることができたとき、それは人をも幸せにする生き方につながっていくことを一流の人はよく知っているのです。

POINT

一流の人は、自分を犠牲にすることなく、人の役に立つ。

Section

09 あらゆる物事を楽観的にとらえる

人は誰もが、自分の心のメガネをとおして世界を見ています。そして、そのメガネのレンズには、その人なりの色がついています。

心のメガネのレンズには、物事を楽観的にとらえる「楽観レンズ」と、悲観的にとらえる「悲観レンズ」の二つがあります。

一流の人は、楽観レンズの入ったメガネをかけています。そしてそのレンズの度が強ければ強いほど、起こることすべてが輝いて見えます。

二流の人は、悲観レンズの入ったメガネをかけています。そしてそのレンズの度が強ければ強いほど、あらゆることをマイナス方向にとらえてしまいます。

一流の人は、どんなピンチのときでも光明を見つけることができます。また、苦しい状況下でも「いい経験をさせてもらっている」と、その状況を楽しむことができます。

逆に、二流の人は、普通の人が受け流してしまうようなことまで深刻にとらえ、クヨクヨと悩んでしまうのです。

とはいえ、自分のかけているレンズを変えることはそれほど簡単なことではありません。まずは、自分がどんなレンズのメガネをかけているのかを認識することからはじめましょう。

そして、もし自分が「悲観レンズのメガネをかけているな」と思ったら、意識的に物事を楽観視してみましょう。

物事を楽観視する努力をすることは、あなたの心を磨き、よりよい生き方につながるのです。

POINT

一流の人は、ピンチのなかでも光明を見いだす視点を持っている。

Section

10 多くの出会いを求めず、目の前の人を大切にする

「成功を収めるためには人脈が不可欠」という話をよく聞きます。

なかには、「コネをつくる」ことを目的に、セミナーやパーティーに足しげく通い、そこで出会った人たちと片っ端から名刺を交換している人もいます。こういう人は、名刺の数が人脈そのものだと思い込んでいて、ひたすら新しい人と名刺交換することに尽力しているような印象を受けます。

一流の人はやみくもに人との出会いを求めることはしません。

見ず知らずの人とコネをつくることより、今、自分とつながりのある人との「縁」を心から大切にしているのです。

そして、その人たちとの関係を深めることを意識して行動します。それが、新たな

出会いのきっかけになることをよく知っているからです。

一流の人は、目の前にいる人に喜んでもらうことに集中し、自分の魅力を高めていきます。

あなたも、「縁」を広げたいと思ったら、目の前にいて自分を支えてくれている人、自分のもとにやってきた人を大切にして、「与えること」で喜ばせてみてください。

そうすれば、黙っていても新たな「縁」がどんどんやってくるのです。

POINT
一流の人は、目の前の人を大切にしながら自分の魅力を高めれば、新たな「縁」がやってくることを知っている。

Section
11 どうにもならないことを捨て、できることだけに集中する

私の友人でもあり、尊敬するリーダーでもある、プロ野球「侍ジャパン」元監督の小久保裕紀《こくぼひろき》さんが、チームがスランプに陥ってマスコミからバッシングされたとき、こんなことを語ってくれたことがあります。

「まわりの評価を僕が変えることはできないよ。僕にできることは、翌日からの試合でいかに選手のパフォーマンスを最大限に引き出すことができるのか。そこに集中するだけだよ」

この言葉を聞き、小久保元監督のぶれない心の軸に感銘を受けました。

世の中には自分の力で変えられることと、どうあがいても変えられないことがあります。

自分ではどうしようもないことについて、悩んだり、悔やんだりするのは時間の無駄でしかありません。

一流の人は、世間の評価や他人の考えを変えることは、天気を変えようとすることと同じように、不可能だということを知っているのです。

ですから、彼らは自分でコントロールできることにのみフォーカスして、そのなかでベストを尽くすのです。

POINT

一流の人は、自分の力がおよぶ範囲でベストを尽くす。

Section

12

自分の道は自分で選び取る

あなたが歩いていると、目の前の道が二手に分かれています。まわりの人はみんな右の道を選び進んでいきます。

さて、あなたは右と左、どちらの道を選びますか？

このような状況に遭遇したら、多くの人は右の道を選ぶことでしょう。周囲と同じ選択をすることで安心感を得られるからです。

もしかすると、なかには反射的に「左にいく」と答えた人もいるかもしれません。

しかし、どちらも残念ながらもう一歩です。

「不安だからまわりに合わせて右にいく」

「まわりが右だからあえて左」

どちらの決断も、〝まわりの人〟という相対的な基準をもとに決めた答えです。

では一流の人はどう答えるのか？

「まわりの人がどちらの道を選ぼうが、進む道は自分で決める」と答えます。

一流の人はみな、自分なりの基準を持っています。そして日々の経験を通じてその基準をより強固にしていきます。

ですからまわりに流されることがありません。

岐路に立たされたとき、多くの人と逆の道を選んでも、恐れずに自分の道を進みます し、たまたま選んだ方向が大勢の人と一緒だったら、それはそれでまわりにいる人たちと力を合わせて進みます。

彼らは自分の基準に従って行動するので、まわりが気になりません。

一流の人は、常にまわりではなく、自分の基準に照らし合わせて進むべき道を決めているのです。

POINT
一流の人は、岐路に立たされたとき、自分の基準で進む方向を決める。

Section

13 常にプラスの言葉を心がける

私たちは、一日に六万五千語を超える言葉を頭で考えるそうです。

人は、「言葉」を使って考え、コミュニケーションをとる生き物です。

一流の人は、「言葉」の持つ力を知り、「ポジティブな言葉を口にすれば人生がプラスに向かい、ネガティブな言葉を口にすれば人生もマイナスに向かう」という法則を理解しているので、プラストークを心がけています。


「君ならできるよ」

「君のおかげでなんとかなった。本当にありがとう！」

「君は運がいいから心配いらないよ」

こんなプラストークは、聞いている相手を元気にしてくれます。そしてプラストークを口にする人のまわりには人が集まってきます。

一方、不平、不満、愚痴、悪口、泣き言などのマイナストークばかり発する人のまわりからは、人が去っていきます。

あなたとそのまわりの人たちがプラストークで会話できる環境ができれば、たくさんの感動が生まれ、どんどん運が好転しはじめるのです。

POINT

一流の人は、いい言葉がいい未来をつくることを理解している。

Section

14 マイナスの言葉を耳に入れないよう意識する

前項では、発する言葉の重要性について述べましたが、耳に入ってくる言葉にも注意が必要です。

「人の不幸は蜜の味」という言葉があるように、他人の不幸が大好きで、それを大喜びで話題にする人がいますが、そういう人は、自分の心のなかにある闇を他人の不幸で穴埋めしようとしています。

どんな言葉を発信するか、受け取るかは本人の自由ですが、健全でない人の心の穴埋めにつき合う必要はありません。

他人の批判が大好きな人たちに交じって話をしていると、いつの間にか自分自身が悪口の標的になっていることもあります。

一流の人は、そうした輪にはけっして近づきません。マイナス面ばかりにフォーカスした人を陥れるような会話に参加すると、運がまわってこなくなることを知っているため、アレルギー反応を示すのです。

プラストークを使うあなたのもとには、同じようにプラストークを使う仲間が必ず集まってきます。

POINT

一流の人は、マイナストークは「心の毒」だと考えけっして近づかない。

Section

15 世間の評価によって態度を変えない

以前、ある人がこんなことを言っていました。

「天才という言葉がある。これはすごいことでもなんでもなく、天がその人に〝これを通じて人の役に立ちなさい〟と与えてくれたものなのだ。上からものを見るために与えられたものではない。そこを自覚しながら、その才を使い、目の前の人に淡々と、できることをしている人は、どんな立場になっても道を見誤ることがない」

一流と呼ばれる人たちは、この原則をよく理解しています。

ここまで何度かお伝えしましたが、一流の人はまわりの批判や反対を恐れず、自分の道を見つけて進みます。

これは、批判や反対というネガティブな反応だけでなく、賞賛や褒め言葉といったポジティブな反応に対しても同じです。

ですから彼らは、「うまくいけばまわりの人がチヤホヤしてくれるが、それは一時的なものだ」と、最初から客観的に考えていて、まわりからの評価が上がっても一喜一憂することがありません。

これを忘れた状態で、ポジションが上がったり、成功を収めたり、まとまったお金を手にしたりして、周囲から賞賛されるようになると、元の自分の立ち位置を忘れ、まわりの人に対する態度が変わります。

こうなると、自分の道を見失い、まわりから人が離れていってしまうだけでなく、何かのきっかけでつまずいたときに再起できなくなってしまいます。

成功を収めたときに「一からはじめたものが十や百になっただけ」と、元の立ち位置を忘れなければ、いばったり、調子に乗ることはけっしてありません。

また、たとえそのポジションを失ったとしても、「また一からはじめればいい」と覚悟が決まります。そこまでやってこられたということは、「自分にはまた同じことができる力がある」ということなのですから。

ポジションや世間からの賞賛は、天から与えられた試験のようなもの。「はい、君にこのポジションを与えよう。さて、どう活かす？」と問いかけられているのです。

地に足をつけ、やるべきことを淡々と続けていれば、さらに次のステージに上がることができます。

勢いには乗っても、図には乗らないよう気をつけて歩いていきましょう。

POINT

一流の人は、地位や名声、才能は人の役に立てるためのものだと考える。

Section
16 人生は有限であると常に意識する

すべての人は生まれた瞬間から「死」に向かってのカウントダウンがはじまります。

どんな人でもそこから逃れることはできません。

二流の人は、いずれ「死」がやってくることを頭では理解していても、それを忘れ、目の前の快楽に流されていきます。

一方、一流の人はこのことを心からわかっていますから、時間の使い方にとにかくこだわります。「時間の使い方」というより、「命の使い方」と言ったほうがいいかもしれません。

一流の人は自分の命が過去から渡され、未来へとつながっていくものだと考えながら行動しているのです。

ですから、彼らは「自分だけの人生」という言葉をけっして使いません。

過去を知り、未来に何が残せるのかを考えたうえで、「今」という二度と戻らない時間を大切に、そして楽しみながら生きる。

一流の人と、二流の人とでは「今」という時間の重みがまったく違います。

ゆえに、行動も心の在り方もまったく違ってくるのです。

POINT

一流の人は、「今」にこだわる。

第3章

成長

変化を恐れない心をつくる

【prosper】

Section

17 自分と他人とを比べず目の前のことに集中する

一流の人が絶対にしない、すべての悩みごとの原点といっても過言ではないこと。

それは「他人との比較」です。

競争社会のなかで生きていくためには、誰かを目標にしたり、ベンチマークしたりする場合もありますが、やみくもに自分と他人とを比べると、よけいな悩みを抱え込むことになります。

もし、自分を誰かと比べて落ち込んでしまったら、相手のことはいったん忘れて、目の前のことに集中すればうまくいくようになります。

たとえば、野球で前のバッターがホームランを打ったからといって、あなたまで大振りしたらフォームを崩して三振してしまいます。

ビジネスで、競合他社が値下げをしたからといって、一緒になって値下げをしたら不毛な価格競争に巻き込まれます。

試験中、まわりの人たちが解答用紙に答えを書き込む鉛筆の音を気にしはじめると、焦ってしまい、解ける問題も解けなくなってしまいます。

これらはすべて間違った比較による悲劇です。

野球をするときは、ボールに集中する。

ビジネスでは、お客様のニーズに集中する。

試験のときは、出題された問題に集中する。

そうやって、本来、集中すべき「目の前のこと」に無心で取り組めば、おのずと結果はついてくるのです。

一流の人は、他者ではなく、「過去の自分」を比較対象にします。

競争する対象を外に求めるよりも、過去の自分を相手にしたほうが成長できるということを知っているからです。

「あの人みたいにうまくできない」ではなく、「昨日の自分よりうまくなった」と考えるほうが、モチベーションも上がるということをしっかりと理解しているのです。

自分ではどうにもできない他人をベンチマークするより、自分でコントロールできる自分自身を比較対象にしながら成長する。

そんな賢い生き方を選択していきましょう。

POINT

一流の人は、他人ではなく、過去の自分を比較対象に据える。

Section 18

変わらないために変化し続ける

今、この本を手にしているあなたは、おそらく、こんなふうに考えていることと思います。

「理想の自分に近づきたい」
「一流の人になりたい」
「人生をよりよいものにしたい」

もし本気でこれらのことを実現したいのなら、「変化すること」を恐れてはいけません。**なぜなら、自分を向上させるためには、今の自分から新しい自分へと変わることが不可欠だからです。**

人間というものは、つい「今のままでいたい」と考えてしまう生き物です。現状維持はラクだからです。しかし、本当に自分を成長させたいのなら、その壁を打ち破り、勇気を持って変化する道を選ぶことが大切です。

時代は刻々と変化し続けています。そして、現代はその変化の速度がますます加速しています。

人生でもビジネスでも同じですが、たとえ現時点でうまくいっていることでも、時代に合わせて自らを変化させていかなければ、やがては取り残され淘汰されてしまいます。

時代の大きなうねりのなかで、自らの幸せを維持し続けるには、どうしても変化に合わせて自分を変えていくしかないのです。

一流の人は、安定を得るために変化し続けなくてはならないことを知っています。ですから、常に「変わらないために変化する」ように努めているのです。

POINT

一流の人は、「変わらない自分であり続ける」ために自分を変える。

Section
19
相手の優れた点を見つけ自分に取り入れる

二流の人は、自分よりもうまくいっている人や、成功している人を見てこう思います。

「私のほうががんばっているのに！　上司はどこを見ているんだ」
「あの程度の仕事ぶりで成功するなんて、裏でよっぽどうまくやったに違いない」

しかし、いくら他人を批判的な目で分析しても、得られるものは何ひとつありません。

本当に探さなければいけないのは、相手の欠点ではなく、相手の優れた点。
そういう視点で、自分よりもうまくいっている人を冷静に見てみると、

「まわりの人間から信頼されている」

「会社に企画を提案している」

「高い視点で仕事を進めている」


など、さまざまな「見習うべき点」が見えてくるはずです。


自分を成長させる方法はじつは簡単。

自分よりも優れた相手をお手本として、素直に認め、いいところを探して真似するだけでいいのです。


人生において「勝つタイプの人」、つまり一流の人はこう考えます。


「いったい、この店のどこに行列の秘密があるのだろう？」

「この人はなぜうまくいっているのだろう？」

「いいところを学んで自分のものにさせてもらおう」

相手のアラを探すのは二流です。

一流の人は、相手のいいところを見つけて、さっさと自分に取り入れる。そのほうが賢い選択だと心得ているのです。

POINT

一流の人は、他人に嫉妬せず、自己成長の糧にする。

Section
20
欠点よりも才能に注目し自分を伸ばす

「もっと才能がほしい」と言う人はたくさんいます。しかし、その人に能力がないのかと言えば、まったくそんなことはなく、たんに自分の才能に気づいていないだけのことが多いのです。

二流の人は、他人の才能についてはうらやましがるのに、自分の才能にはなかなか気づくことがありません。

そして、なぜか自分の欠点ばかりに目を向けてしまうのです。

一流の人は、自分の欠点に目を向けるより、長所を見つけて伸ばします。不得意なことを人並みのレベルにしようとするのではなく、得意なことをさらに伸ばす努力をするのです。

すると、「好きこそ物の上手なれ」の言葉のとおり、長所がどんどん伸びて、それだけで生活できるようになります。

この状態になると、不思議なことにそれまで欠点と思っていたことですら長所に思えてくるようになります。

「自分に足りないもの」ではなく、「自分がすでに持っている才能」に気づき、それを活かしていくと、人生がよりおもしろくなります。

POINT

一流の人は、すでに自分が持っている才能を伸ばす。

Section

21 ゴールを設定して、必要なものを手に入れる

人間の潜在意識は善悪にかかわらず、「ほしいもの」「そのときに必要としているもの」に自然と目がいくようになっています。

ですから、愚痴ばかり言っている人は、自分が愚痴を言いたくなるようなネガティブ因子を自ら探していると言えます。

一方、いつも「自分は運がいい」と言っている人は、「ああ、やっぱり自分は運がいいいんだ」と思えるポジティブ因子を見つけ出しているわけです。

つまり、「不幸」も「幸せ」も、結局は自分が引き寄せているのです。

あなたが目指すゴールを設定して、それが実現したときのイメージを心に刷り込んでいくと、あなたの「無意識」は、そのゴールにたどり着くために必要なものや手段

を自然と探し出します。

心の底から「こうなりたい」と思うだけで、それまで意識することすらなかった「チャンス」にも気がつくことができるようになる。

一流の人は、このカラクリを知っているので、「チャンスを見つけることができる自分」へと意識を持っていけるのです。

POINT

一流の人は、先にゴールを設定し、潜在意識の力を使って達成するための方法を引き寄せていく。

Section

22 自分を無条件に肯定してくれる人を持つ

「一流になりたい」と本気で願っている人は、自分よりも格上の人たちのなかに飛び込んで自分を成長させようとします。

一流の人と接することで、彼らの考え方や行動を観察し、それを真似ながら自分を磨くのが、一流への近道だからです。

しかし、一流の人は甘くはありませんから、厳しいことを言うこともあります。もちろんそれは、「あなたを成長させたい」という愛情の裏返しなのですが、自分の行いを否定されたように感じれば、どんな人でも落ち込むものです。

そんなとき、自分のことを常に肯定してくれる人の存在はとても貴重です。

じつは、一流と呼ばれる人たちも、自分のことを肯定してくれて、落ち込んだとき

でも、元気を取り戻させてくれる人を必ず身近に置いています。

そういう人に「おまえならできる！」「やっぱり君は天才だね」と言ってもらって、自分のセルフイメージを上げる、つまりいい意味で勘違いさせてもらうことで、落ち込みから脱出しているのです。

そして、そういう仲間と常に讃《たた》え合い、励まし合いながら、ともに心を磨き続けているのです。

POINT

一流の人は、まわりからの励ましの言葉を自分の力に変え、すばらしい未来をイメージする。

Section
23
成長に合わせて環境を変える

「類は友を呼ぶ」という言葉があるように、同じ考えの人は自然と集まるようになっています。

ですから、自分のまわりにいる人は、自分自身を映す鏡であるといっても過言ではありません。

今の環境に対して、「何かが違う。本当にこのままでいいのかな？」こう感じるようになったら、まわりの人ではなく、あなた自身が変わりはじめている証拠。

この感覚を「聖なる違和感」といいます。

「聖なる違和感」を無視したまま、変化を恐れて今の環境に身を置き続けるのか、それとも勇気を持って、次のステージに進むのか、どちらを選ぶかであなたの人生は大きく変わります。

あなたが「今の自分を変えたい」と、心を磨きはじめると、必ずそれまで自分や一緒にいた人たちとのズレや摩擦が生じます。

しかし、それを恐れていては成長することはできません。

一流の人は、成長の過程で必ずまわりの人との衝突や別れといった〝痛み〟を味わっています。

大切なのは「成長する覚悟」を持つことなのです。

POINT

一流の人は、変化を恐れない。

Section

24 成長の過程では孤独が訪れると覚悟する

一流の人は、「人と人との別れ」の持つ意味をしっかりと理解しています。

ここで、あなたの過去を少し振り返ってみてください。

たとえば、それまで仲よくしてきたあなたの仲間の一人が、突然「今の自分を変える！」と宣言して、行動しはじめた。そんな経験はありませんか？

そのとき、あなたは、その人を心静かに見守ることができましたか？

「ノー」と答えた方。

それは、人としてあたり前の心理です。

「自分が置いていかれるのでは」という恐れや、「自分もがんばらなくては」という焦りによるもので、人間としてしかたのない感情だと言えます。

逆に言えば、あなたが自分を成長させようとして歩きはじめたとき、それまでまわりにいた人が離れていったとしても気にすることはありません。

一流の人は、一人ぼっちになってしまったとき、それが「成長のためのステップ」であると考えます。

一流と呼ばれている人はすべて、成長の過程で必ず周囲の人との別れを経験しています。

あなたが成長を目指すとき、あらかじめ「一度は必ず一人になる」と覚悟を決めておけば、いざそうなったとき「あ、自分の物語がはじまったな」ととらえることができるようになります。

まわりに流されず、胸を張って自分の意志を貫きましょう。

POINT

一流の人は、「一人ぼっち」を恐れず、自分の意志を貫いて前進する。

Section

25 目上の人の気持ちを理解し、チャンスを手に入れる

一流の人は、「長幼《ちょうよう》の序《じょ》」という言葉を大切にします。簡単に言えば〝上を立てる〟ということです。

「立てる」というのは、相手の立ち位置をしっかりとつくること。たとえば、上司に相談することで、その上司の立場を築き上げるといったことです。

会社組織では、出世して立場が上がれば上がるほど、徐々に出番がなくなっていくものです。

どんな立場の人でも、人から頼られなくなったり、距離を置かれたりすれば、さみしい思いをするものです。

この気持ちをしっかりと理解し、いい意味で目上の人間をうまく利用できる人は必

ず一流になります。

チャンスは上からやってくることがほとんど。

一流になる人は、目上の人の気持ちを理解する広い視野を持っているのです。

POINT

一流の人は、目上の人を立てるのがうまい。

第4章
学び

生き抜くための武器を手に入れる

【learn】

Section
26
師を一本化する

人は「誰から学ぶか」によって人生が大きく変わります。

一人の師匠にしっかりと師事し、その人の考え方を徹底的に学ぶことは、パソコンに新たなソフトをインストールするように、その人の考え方や行動に大きな影響をおよぼします。

とはいえ、若いうちにたくさんの人に会い、さまざまな考え方を学びすぎるのはよくありません。

本やセミナーなどで「若いうちにたくさんの人と接して、いろいろな考え方を学びましょう」という教えを受けたことがある人も多いことでしょう。

しかし、**まだ〝自分の軸〟が定まっていないうちに、あまりにも多様な考え方を吸収しすぎることは危険です。**

旅行にいくときに、ガイドブックを何冊も買い込んで、すべてを参考にしていたらどうすればいいのかわからなくなってしまうのと同じように、しっかりした軸をつくるべき段階にいる人が、同時期にたくさんの人に教えを乞おうとすると「迷子」になってしまうからです。

情報過多の現代では、実際にそういう状態に陥っている人が増えているのです。

一流の人は、成長の過程で本当に自分に合った参考書を一冊選んで、じっくりとやりきるように、「この人の教え一本でいく」と思える人生の師匠を見つけ徹底的に学ぶので迷いがありません。

世の中で〝師匠〟と呼ばれるような人の考え方は、ある意味すべて正解です。

ですから、大切なのはあなた自身がどの正解を選ぶかということなのです。

POINT

一流の人は、正解を自分で選ぶから迷いがない。

Section

27 自分に投資する

「投資」と聞いてあなたはどんなことを思い浮かべますか？

株式、不動産、貴金属、人への投資……、少し考えるだけでもさまざまなものが浮かびます。

「何に投資するのが最も利率がいいのか？」という会話は、お金持ちのなかでよく交わされていますが、真の一流はこう答えます。

「最も利率の高い投資先は自分自身である」と。

一流の人は、自分の心を豊かにするものや、自分の心を自由にするための時間、自分を成長させてくれる人との出会いなどに投資することが、結果として最も利率が高いことをよく理解しています。

自分への投資は株式などとは違い、目に見える利益を手にするのに時間がかかりますが、一度リターンを手にすると、けっして失われることはありません。

これまでのあなたは、自分自身にどれだけ投資してきましたか？

これからのあなたは、自分自身にどれだけ投資していきますか？

POINT

一流の人は、目先の利益を追わない。

Section
28 どんな立場になっても学び続ける

一流の人は好奇心が旺盛で学び好きです。

「もう勉強する必要はないのでは？」と思えるような人にかぎって、よく学びます。

彼らは素直に学ぶので成長がはやいうえ、その体験を燃料にしてさらに学ぶという、プラスのスパイラルに身を置いているのです。

一流の人は変化と成長を好みます。とにかく自分自身を今のままで終わらせないよう日々努力を続けています。

一流の人にとって現状維持とは、衰退以外の何ものでもありません。だから常に学び続けるのです。

一流の人は学ぶことによって、現在設定しているゴールの向こうに、さらに新しいゴールを設定し続けます。
ですから、一つのゴールに到達しても、美酒に浸ることはありません。
翌日には、次のステージに向けて歩きはじめるのです。

POINT

一流の人は、けっして立ち止まらない。

Section

29 一次情報に徹底的にこだわる

現代の日本人が一日に接する情報量は、江戸時代の一般人の一生分に匹敵するそうです。この話自体、ずいぶん前から言われていたことですから、現在は一日に接する情報の量がさらに増えていることでしょう。

しかし、量=質ではありません。現在、私たちがインターネットなどで接する情報のほとんどは、SNSで発信されている、ただの「個人の見解」でしかないからです。しかも、その個人の見解も、元をたどれば他者の見解であることがほとんどです。

つき合う相手を選ぶのと同じように、「つき合う情報」も慎重に選ばなくてはなりません。「この情報源は不要だ」と思ったら、フォローをやめるのも一手でしょう。

おかしな情報に、自身の思考をミスリードされるくらいなら、はじめから触れないほうが賢明です。

現代において、一流の人が最も意識しているのは「情報の源流」、つまり一次情報です。

一次情報は、情報の大元ですからインターネットでアクセスすることはできません。一流の人と信頼関係を構築し、その関係のなかから〝生〟の情報を得る以外に方法はないのです。

一流の人は、出自のはっきりしない個人の所感を簡単に信用したり、取り入れたりすることは絶対にしません。

かぎられた人生の時間を無駄遣いしないためにも、無数にある情報のなかから、自分にとって本当に必要なものだけを抜き取って役立てていきましょう。

POINT

一流の人は、自分の心を乱す情報を自分のまわりから排除する。

Section

30 「我」をはずし、素直に学ぶ

経営の神様と呼ばれ、人を見抜く名人だった松下幸之助《まつしたこうのすけ》さんが、人を採用するときの基準は、次の三つだったそうです。

「自分は運がいいと思っている」
「愛嬌がある」
「素直である」

ここでは、三つめの「素直さ」について考えてみましょう。

以前、ある保険の営業マンが私のところへパーソナルセッションを受けにきてくれました。

彼の悩みを聞くと、「人間関係がうまくいかない」とのこと。しかし、そのセッションはなかなかうまく進みませんでした。

私が何か言っても、ふた言めには「いや、それは違うと思います」「僕はそうは思いません」ばかりだったからです。

「素直な人」の反対は「我が強い人」。我が強すぎると、人の言葉が入ってこなくなってしまいます。

一流の人は、自分の考えだけに凝り固まってしまうことの危うさを知っています。人の成長は、「自分が正しい」「相手は間違っている」と思った瞬間から止まってしまうからです。ですから、他人から素直に学ぶのです。

自分よりも物事を知っている人から指導されたときは、それが自分の考えと異なっていたとしても、「教えていただきありがとうございます。また教えてください」と、相手の教えをいったん素直に受け入れる。

この姿勢によって、相手を自分の協力者に変え、さらに有益な知識や情報を手に入れているのです。

一流の人は、人から教えてもらったことを、「我」をはずして素直に吸収し、それを自分の武器に変えていくのです。

POINT

一流の人は、いくつになっても素直に学ぶ。

第5章
自信

自己肯定感を高める

【self confidence】

Section

31 人からの賞賛を生きる糧にしない

あの世にはさまざまな地獄があると聞きます。しかし、私たちが生きるこの世にもたくさんの地獄が存在します。

身近にある地獄の一つは「すごい地獄」です。

これは、人から「すごいね！」と言ってもらいたくて、お金やモノ、地位に執着してしまうこと。

「月収が○○円なんて、すごいですね！」

「一千万円の腕時計なんて、すごいですね！」

「その歳で部長なんて、すごいですね！」

もっとお金を稼いで、もっと高級なものを身につけて、もっと出世して「すごい」と言われたい……。

一度この地獄に落ちてしまうと、自分本来の心の在り方を見失い、そこからなかなか抜け出せなくなってしまいます。

「すごい地獄」にはまってしまう原因は、自己肯定感の低さです。自分で自分を認めることができないから、他者からの賞賛を生きる糧にしようとしてしまうのです。

一方、一流の人は自己肯定感で満たされているので、他者からの評価をあまり気にしておらず、まわりから「すごい」と言われても、それを〝おまけ〟程度にしか考えません。

一流の人にとって、いちばん大切なのは自分自身の心の在り方なのです。

POINT

一流の人は、自己肯定を他者に依存しない。

Section

32 相手が誰でも自信を持って向き合う

あなたはこれからの人生のなかで、あこがれていた成功者や、世に言う「一流の人」と接する場面があるでしょう。

そんな場面が訪れたときは、ぜひ、相手にのまれることなく自信と誇りを持って接してください。**相手が誰であろうが、同じ人間。あなたはあなたの人生を生きてきたのですから、下手に出る必要はまったくありません。**

これは、「相手に対して横柄な態度で接しましょう」ということではありません。相手が誰であっても、敬意を払って接するのは人として最低限のルールです。

しかし、もしあなたが下手に出ないことで機嫌が悪くなるような相手なら、そもそもたいした人間ではないので、おつき合いをする必要はありません。

相手が真の一流なら、自分に対して堂々と接してくるあなたの肝の据わり具合を見て、興味を持ってくれるはずです。

あなたの自信は必ず相手に伝わります。


私が心から尊敬する師は、いつも私にこう言ってくれました。

「本来、この世にいばっていい資格を持っている人なんて一人もいないんだよ。肩書きを外せばそもそも同じ人間なんだから。だから、おまえも相手が誰でも臆することなく、しっかりと自信を持って人と向き合うんだぞ。相手も自分も両方大切にするんだ。相手からなめられるような恥ずかしい向き合い方だけはするんじゃないぞ」

この言葉は私にとって、人生の指針となる大きな教えの一つです。

POINT
一流の人は、常に堂々としている。

Section

33 「インナーブランディング」を意識する

最近、「成功するためには、セルフブランディングが必要である」ということをよく耳にします。

本来「セルフブランディング」とは、自分をプロデュースし、自らの力でプロモーションすることなのですが、この言葉を意識しすぎるあまり、いつの間にか「自分を大きく見せる」ことにとらわれている人が多くなっているような気がします。

しかし、いくら自分を実際より大きく見せようとしても、「自分がどの程度の人間なのか」ということを誰よりもいちばん知っているのは自分自身ですから、結果として自分の心を騙して傷つけることになります。

つまり、自分を偽ってまわりに対して己を大きく見せるよりも、まずは自分の良心に従って自己肯定感を高めるべきなのです。

自己肯定感の安定をもたらす大きな要素は「行動」と「実績」です。

「自分はできるかぎりの努力をしてきたか？」
「自分に正直に生きてきたか？」
「自分の言動は真実に基づいているか？」

こうした自分への問いかけに自信を持って「YES」と答えられたとき、人は自分に誇りを持つことができます。そして、勘違いの自信ではなく実践をともなう誇りを持てるので風格が漂うのです。

先の問いかけに対する答えは、自分自身がいちばんわかっていることばかり。他人に自分を売り込む「セルフブランディング」よりも、自分自身の内なる誇りである「インナーブランディング」を高めていくことのほうがはるかに大切なのです。

POINT
一流の人は、自分を無理に大きく見せるのではなく、自分の心にしっかりとした自信を持たせることに力を注ぐ。

Section
34
成功体験をリピートする

何かに挑戦しようとするとき、多くの人は自分自身の「過去の経験」をもとに、成功できるかどうかを予測します。

つまり、過去に失敗した経験が多ければ多いほど挑戦するのを躊躇してしまうということです。

人は過去の経験をベースにして生きていますから、当然と言えば当然のことなのですが、一流の人は過去にどれだけ失敗していようと挑戦します。

こう聞くと、「一流の人はそもそも成功体験しかないだろう」と考える人も多いと思いますが実際は違います。

むしろ、何かに挑戦することが多いぶん、普通の人よりもはるかに多くの失敗をしているのです。

なぜ、一流の人たちは何度失敗しても挑戦し続けることができるのか？
一歩踏み出せる人と踏み出せない人の違い、それはたった一つです。

「成功体験と失敗体験のうち、頭のなかでどちらをリピートするか？」

一流の人は、過去の自分の体験のうち、「成功したときの体験」にフォーカスし、そのときの感情をリピートするので何度でも挑戦することができます。
一方、二流の人は「失敗したときの体験」にばかりフォーカスし、そのときの感情をリピートしてしまうので恐怖心が生まれ躊躇してしまうのです。
一流の人は、過去の成功体験にフォーカスして、それを素直に信じるクセがついているので、呼吸をするかのように挑戦できるのです。

POINT
一流の人は、過去の失敗に対する恐怖を成功の自信で抑え込む。

Section

35 常にセルフイメージを上げる努力を怠らない

人は誰もが、自らに対するセルフイメージを持っています。

セルフイメージとは、「自分はこんな人間だ」と、自分自身が自らに対して抱いているイメージのことです。

一流の人のセルフイメージは総じて高く、彼らはそれが人生をどれだけ左右するのかをよく知っています。

ただ、一流の人のセルフイメージが高いのは、もともと備わっている資質ではありません。彼らは意識的にセルフイメージを上げる努力をしているのです。

では、彼らはどうやってセルフイメージを上げているのでしょうか。

一つめは格上の人との出会いです。

格上の人は自分のまったく知らない世界を知っていて、上へ上へと引っ張り上げてくれる存在です。

こうした人との出会いによってセルフイメージは高まります。

二つめは自分の環境を変える努力をすること。

環境とは、自分がつき合う人のことです。ここまで何度かお伝えしてきましたが、前向きな人といると、セルフイメージが上がり、愚痴ばかり言っている後ろ向きな人と一緒にいると、セルフイメージは下がります。

そしてセルフイメージを上げる三つめの方法は、**自分の住む場所を変えることです。**

土地にはそれぞれの空気や、長い歴史によって築かれた逆らいようのない文化があります。

人は、自らが過ごす土地からも無意識に影響を受けるため、住む場所によってセルフイメージが上下するのです。

格上の人、仲間、そして過ごす場所……。
一流の人はこれらをできるかぎりコントロールしながら、セルフイメージをより高く書き換える努力を続けているのです。

POINT

一流の人は、環境にこだわる。

Section 36 ときに相手のために バカになる

失敗して落ち込んでいる人や、悩みを抱えて迷っている人があなたのところにやってきたら、あなたはどんな話をしますか？

自分の成功体験や、これまで蓄えてきた知識など、さまざまなことが思い浮かぶと思いますが、なかでも相手のためになるのは、あなた自身の失敗談です。

一流の人は、他人に自分の失敗談を包み隠さず話すことができます。

一方、二流の人は、自分の失敗を隠そうとします。

この差を生むのは、自分のなかに確固たる自信があるかないかの違いです。

一流の人は、自分のなかにこれまでの実績に基づいた自信や誇りを持っているので、自分の失敗談が相手のためになるのなら、喜んで披露するのです。

いかに相手の成功に貢献できるのか、いかに相手のレベルまで目線を落として自身の経験を伝えることができるのか、一流はそこにこだわります。

POINT

一流の人は、自分の失敗をけっして隠さない。

第6章
人望

愛に基づき人を導く

【respected】

Section

37 自分は裏方にまわり、まわりの人を輝かせる

やる気や責任感があって前向きな人ほど、つい自分が前面に出て物事を進めようとしてしまいがちです。

しかし、それでは自分が疲れてしまうだけでなく、気がつくと一緒にやっていたはずの仲間がシラケてしまう事態にもなりかねません。

じつは、実力がある一流の人ほど、まわりの人に仕事やチャンスの場を割り振ることで自己肯定感をプレゼントしています。

「自分が、自分が」ではなく、「彼のおかげで」「彼女のおかげで」と、まわりの人を立てるよう常に意識しているのです。

もしかすると、あなたは「人に頼る」ことに抵抗があるのかもしれません。

そんなときは、「人に頼る」のではなく、「人を活かす」と考えればいいのです。

あなたが仕事を独り占めするのではなく、まわりの人たちを活かそうとすることは、彼らにとって「活躍の機会を与えられる」ことになります。

言わば、「チャンスを渡す」ことですから、おたがいにとってメリットがあることなのです。

一流の人は、まわりの人を輝かせるステージメーカーの役割をさらっとこなすことができるのです。

POINT

一流の人は、人に頼るのがうまい。

Section

38 愛に基づき行動する

この世には、絶対に逃げることのできない天の摂理があります。

それは自然です。意図的に大きくしたものは、すぐに壊れますが、まわりの人やお客さんを大切にしていけば、自然、つまり天が味方して、あなたの組織は継続的に繁栄していきます。

どんな時代であれ、変わらずに人がついてくるリーダーの条件、それは、

「行動のベースが愛に基づいているか？」

ということです。

リーダーという仕事は重責です。考えなければいけないことは山ほどあるし、部下

が成長するまでは、日々頭を悩ませることでしょう。

そして、人の評価はリーダーに向かいます。

これはあなただけにかぎったことではありません。いつの時代もリーダーたちは、悩みやプレッシャーと向き合い、ぎりぎりの心理状態のなかで、仲間を守り、生きてきたのです。


リーダーにとっての最高の報酬。

それは名誉や勲章などではなく、「あなたのもとで働けてよかった。あなたの会社があってよかった」と言ってくれるスタッフやお客さんの笑顔です。


近道などありません。しっかりと王道を歩いてください。

この世に、愛を持ったリーダーより強いものはないのですから。

POINT

一流の人は、本当の強さが何かを心から理解している。

Section 39

まわりの人に精神的なメリットを与える

人を動かすために必要不可欠な要素。

それは〝メリット〟です。

人を動かすためのメリットには、大きく分けて二つの種類があります。

一つは物質的なメリット。お金やモノをくれる、おいしいものを食べさせてくれるといったことです。

そしてもう一つが精神的なメリット。褒めてくれる。認めてくれる。温かい声をかけてくれる。味方になってくれるといったことです。

一流の人は、まわりの人に精神的なメリットを与えます。

物質的なメリットのほうが直接的ではありますが、これには限界があります。お金やモノがなくなった瞬間にその関係は終わってしまうからです。

人は自分の存在を肯定されたいと願う生き物です。これはどんな人でも変わりありません。

仕事をがんばるのも、リーダーが会社の規模を大きくしたがるのも、女性が綺麗になろうとするのも、すべては「自分はここにいるよ」と表現したいがため。

一流になれるかどうかは、この心理を理解しているかどうかにかかっているといっても過言ではありません。

自分から進んで相手に笑顔を見せているだろうか？
自分から進んで相手に声をかけているだろうか？
自分から進んで相手の自己肯定感を高める行動をしているだろうか？

まずは、自分自身を振り返ってみてください。

精神的なメリットを与えることのできる人は、まわりの人から好意を持たれます。
そして、「好かれる」という魅力は、あなたのまわりに〝人〟という宝を引き寄せます。

一流の条件とは、一人ですべてをこなせる天才的な能力ではありません。
まわりにどれだけ優秀な人がいるかということに尽きるのです。

POINT
一流の人は、どんなときも相手の自己肯定感を高めることを忘れない。

Section

40

ぶれない軸で人を惹きつける

一流の人は、「誇り」つまり、「自分との約束事」を何よりも大切にします。そしてその誇りを傷つけずに生きています。誇りを心の軸にしているのです。

ですから、想定外のトラブルが起こったときもうろたえることがありません。

一方、二流の人はいくらしっかりしているように見えても、想定外のことが起こるとうろたえます。自分との約束事がないから動揺してぶれてしまうのです。

一流の人は言動に一貫性があります。そして、山のごとく、どっしりと動かない人には不思議なオーラが宿ります。だからこそ、まわりを惹きつけるのです。

POINT

一流の人は、自分との約束事を大切にする。

Section

41 立場の弱い人を大切にする

一流と二流との違いは、自分より立場の弱い人に対する態度に表れます。

たとえば、自分より下の立場の人とはじめて会ったときに高圧的な態度をとる人は、どれだけ高い地位にいようが、どれだけ資産を蓄えていようが二流です。

こういった行為は、自信のなさの裏返しであり、相手から見透かされてしまうものです。

一流の人は、立場が下の人と接するときでもけっして高圧的な態度をとることはありません。まず相手の気持ちを理解し緊張を和らげようとします。

自分に自信があるので、いばらなくても自分の立場が揺らぐことはないと心得ているからです。

相手からすれば、その姿勢は非常に魅力的に映ります。
人は往々にして、出会う人の地位や肩書きから相手に対するイメージを膨らませます。
そして、そのイメージからはずれることが起こると感動を覚えるものです。
一流の人はそのことをよく心得ていて、相手の持つイメージと逆のことをやります。
すると、相手はそのギャップに惹かれ、一生懸命尽くしてくれるようになるのです。

POINT

一流の人は、「ギャップ」で人を惹きつける。

Section

42

どんなときも「与える側」に立つ

私は、人がこの世に生まれてきた理由は「人を喜ばせるため」だと思っています。与えるものはさらに与えられます。

ギフトを贈る人は、与えたものが返ってきて、結果的に幸せになるのです。

笑顔も、言葉も、共感もすべて相手へのギフトです。ですから、あなたが出会った人に渡せるギフトは数かぎりなくあります。

このギフトを贈り続けていくうちに、あなたは自分で想像するよりはるか高みに「押し上げられる」ことになります。

人は二種類に分けられます。

それは、喜びや感動を与える側と、与えられる側。

言い換えれば、「会いたいと言う側」と「会いたいと言われる側」です。
あなたも一流を目指すなら、「会いたいと言われる側」にまわりましょう。

一流の人は小さなことを誰よりも大切に積み重ねています。
「あなたに会いたい」、そう言われる人生を。

POINT
一流の人は、与えることで
自然に高みへと押し上げられる。

Section
43 前に出る場面、一歩引く場面を見誤らない

何かにつけ「私が、私が」と、自分を売り込むことに躍起になっている人がいます。しかし、本人がいい気になってアピールすればするほど、まわりの人はその人から離れていきます。とくに若くて血気盛んなころは、ついつい、これをやってしまいがちです。

人は、アピールばかりしている人からは離れていくもの。

一流の人は、とくに、自分が主役ではないオフィシャルの場などで、自分をアピールしすぎるようなことはしません。

自分が話すのは会話全体の二割、多くても三割くらいにとどめます。話しすぎてしまうと、相手に幼稚な印象を与えてしまうからです。

そもそも、一流の人は自分に自信を持っているので、自らのことを積極的にアピー

ルする必要がありません。

一流の人は、高い位置から自分を俯瞰して見ることができます。**自分を客観的に見る、「自己客観能力」が高く、自分の立ち位置をしっかりと把握することができるのです。**

自分の立ち位置を、高く見て勘違いしている人は笑い者になるし、低く見すぎていると、自信を持てず集団のなかに埋もれてしまいます。ここはぜひ、正確に見定めたいところです。

「自己客観能力」が高い人は、まわりが尻込みしている場面でも、すっと一歩前に出て場を盛り上げることができます。

たとえば、プロジェクトのリーダーを決めるとき。

誰も手を挙げないなかで、平然と立候補して、メンバーを盛り上げ、やる気を引き出しながら引っ張っていきます。

そして、プロジェクトが軌道に乗りはじめると自分は後方にまわって、いつの間にかメンバーを主役にしているのです。

自分が前面に出る場面なのか、引いたほうがよい場面なのか……、自分は今、どう動くべきなのかを見極めるのがうまい人のもとには人が集まります。

一流の人は、自己主張よりもまわりを立て、自分の役割をしっかりとこなし、それに徹することの大切さを知っているのです。

POINT

一流の人は、常に自分の立ち位置を客観視する。

第7章
貢献

与えることの大切さに気づく

【contribution】

Section

44

優しさを我慢しない

たとえば、職場で孤立している人がいて、その人が一人で仕事を抱えて四苦八苦しているのに、誰も手伝ってあげない。

本当は手を貸してあげたいけれど、下手にかかわると、今度は自分も仲間はずれにされてしまうのではないかと思って手伝うのを躊躇してしまった……。

そんな経験はありませんか？

コーチングやコンサルティングなどのパーソナルセッションでこの質問をすると、涙ぐむ人がとても多いことに驚きます。これは、自分の勇気のなさに気づき落ち込んだ経験を持つ人がそれだけ多いということです。

人は、自分のなかにある優しさを解放できないと傷つくものなのです。

一流の人はまわりの目を気にせず、自分の心を最優先にして行動に移します。

坂本龍馬《さかもとりょうま》の名言に、「世の中の人は我を何とも言わば言え。我がなすことは我のみぞ知る」というものがあります。

これは、「まわりの人の理解を得られなくても、自分がわかっていればそれでいいのだ」という意味なのですが、彼らは常にこのようなメンタルで人と接しています。

まわりの目より、あなたの優しさを受け取った人の笑顔にフォーカスしてみませんか？

POINT
一流の人は、自分が助けたいと思ったことに躊躇しない。

Section

45 「してあげる」から不幸になると心得る

二流の人はよく、「〇〇してあげましょうか?」という言葉を使います。

一見、好意的な「してあげる」という言葉の裏には「自分のほうが相手より上にいる」という心理が隠れています。

ですから、一流の人は「してあげる」ではなく、「させてもらう」という言葉を使います。

彼らは相手を一人の人間として尊重し、謙虚な心を持って接しているので、自然と「させてもらう」「手伝わせていただく」という言い方になるのです。

また、相手からのお礼の言葉やお返しなどの〝見返り〟がないと「やってあげたのにけしからん!」と考えてしまう人は多いものです。

しかし、一流の人は相手に何かを施しても、見返りを期待することはありません。

相手のことを考え行動した時点で、「徳」という人生で最も大切なものを「いただいている」ことを心得ているのです。

見返りを求める人は、相手に振りまわされて自分を見失うことになります。

相手があなたに感謝するかどうかは、相手の「ゾーン」の話であって、あなたがどうこうできる問題ではないのです。

POINT

一流の人は、小さな言いまわしにも気を遣う。

Section
46 いっきに大きなところを目指さない

マザー・テレサがノーベル平和賞を受賞したときの記者会見での席で、一人の記者がこう質問しました。

「あなたのように世界平和を実現するために、私にできることはなんでしょうか？」

すると、彼女は笑顔でこう答えたそうです。

「今日家に帰ったら、家族を喜ばせてあげてください」

私たちは、つい家族や仕事仲間など、身近な人の存在を忘れ、大きな世界に夢を懸けてしまいがち。自分の足元を見ずに遠くを見てしまうのです。

「地域や日本、そして世界の平和のために……」こういう思いはもちろん大切です。しかし、何かを変えようと思うなら、まずはあなたが目の前にいる人を幸せにすることが大切。それができれば、地域、日本、世界と、徐々に影響をおよぼせる範囲が広がっていくのです。

一流の人は、自分の心、人間性を磨きながら、背伸びすることなく、少しずつ外へ外へと自分のできることを広げていきます。

目の前のことから一つずつ……。これは遠まわりに見えて、じつはいちばんの近道です。

内から外に向けて固めていった人生は盤石なものになっていくのです。

POINT

一流の人は、目の前の人の幸せに集中する。

Section
47
細やかな心遣いをけっして忘れない

たとえば、あなたとあなたの大切な人が、食べ物に飢えて困っているとしましょう。目の前に一つのパンがあります。そのときあなたはどういう行動をとりますか？答えは簡単。二つに割って分け合えばいいのです。

しかし、一流の人はここでさらにもう一つ上の心遣いをします。

パンは手でちぎりますからきっかり半分ずつに分けることはできません。そのとき、一流の人は相手に大きなほうを渡します。「はい、半分ね」という言葉を添えて。このひと言を添えることで、大きいほうを渡したことにすら相手に気づかせないようにするわけです。

また、一流の人は「自分は食べずに相手に全部渡す」ということはけっしてしません。

相手に全部あげてしまったら、もらった人が後々罪悪感にさいなまれることを知っているからです。あくまで「二人で分け合えてよかったね」という状態をつくり、自分が少しだけ損をするのです。

二流の人は、相手に自分の善意をわからせようとします。

これに対して、**一流の人は気づかれないように相手に大きいほうのパンを渡して少しだけ損をします。**それが最高の愛だと知っているのです。

一流になる人の優しさは、いつも細やかで繊細なところまで行き届いているのです。

POINT

一流の人は、常に最上級の愛を相手に渡す。

Section

48 大切な人のことを思いながら行動する

あなたは、「YAP遺伝子」という存在をご存じでしょうか？

YAP遺伝子とは、最近発見された、日本人の男性と中東とチベットのごく一部の男性にしか存在しない遺伝子のことです。別名を「親切遺伝子」といいます。

この遺伝子の存在はまだ完全に実証されているわけではありませんが、本当であってほしいなと願っています。

YAP遺伝子を持つ人には、いくつかの特徴があります。

なかでも際立っているのが、「人が喜ぶことをすることに幸せを感じる」ことです。

このような行動の原点が遺伝子にあるのだとするならば、「誰かのために」という貢献の精神は、もともと私たちすべての日本人男性のなかに組み込まれているということになります。

私はこの遺伝子のことを「For You遺伝子」と呼んでいます。

大切な人のことを思って行動すれば、人は必ず強くなる。

それに気づくことができたとき、あなたは自分のみならず、まわりの人を幸せにすることができるのです。

POINT

一流の人は、優しさと強さを兼ね備えている。

Section

49 人に与えて涼やかに生きる

「あの人は、与えるだけで見返りをいっさい求めない立派な人だ」

一流と呼ばれる人は、よくこんなふうに言われることがあります。

しかし、彼らは人に与えるだけで、本当に見返りをいっさい求めていないのでしょうか？

私は、正確には違うのではないかと思っています。

世の中には「返報性《へんぽうせい》の法則」というものがあります。これは、「与えたものは返ってくる」という意味です。

あなたもそうだと思いますが、人は誰かに親切にしてもらったら「何かお返しをしなくては」と感じます。

つまり、いつも人に与えている人は、たくさんの人から「何かお返しをしなくては」と思われているわけです。

もし実際にお返しがなかったとしても、それだけで運が好転しそうな気がしませんか？

私の大恩人は、いつもこんなことを言っていました。

「いいか、与えて、与えて、与えまくるんだぞ。人に対して〝いい貸し〟の多い人生を送れよ」と。

その言葉に対して私が、「そんなに人に与えていたら、手元に何も残らなくなってしまいますよ」と心配すると、その人は笑って答えてくれました。

「与えるのはモノでなくてもいい。安心感だったり、言葉だったり、モノ以外にも、相手のために与えられるものはたくさんある」

その後、「そういうものを与え続けていると、何が返ってくるんですか？」という僕の問いに、その人はこう答えました。

「涼やかに生きられる。それだけで儲けもんだよ」

この言葉は、私の心の深くにずっと刻まれています。

一流の人は、人に与えることで、相手だけでなく自分自身の幸せも雪だるま式に大きくなることを知っているのです。

POINT

一流の人は、与えたことはすべて自分に必ず返ってくると知っている。

第8章
人間関係

自分も相手も幸せにする

【relationship】

Section
50 相手と自分の領域を明確に分ける

一流の人は、「マイゾーン」と「ユアゾーン」をはっきりと分けています。

「マイゾーン」とは、自分でコントロールできる領域のこと。
「ユアゾーン」とは、自分でコントロールできない領域のこと。

「マイゾーン」と「ユアゾーン」の境界線、つまり「セパレートライン」をきちんと意識して人と接することが大切なのです。

たとえば、好きな人に喜んでもらおうとして、精一杯がんばったとします。あなたができること（マイゾーン）は、じつはここまでです。

あなたがやったことを相手が喜んでくれるかどうかは、相手の領域（ユアゾーン）

の問題なのです。

ですから、「自分はこんなにがんばったのに、どうして喜んでくれないの？」と考えてはいけません。

変えられない相手のゾーンまで踏み込んで、悩む必要はないのです。

「心の領域」は、たとえ相手が恋人でも夫婦でも親子でも、侵せない領域です。

ただこれは、「相手の心は自分ではどうしようもないのだから、考えなくてもいい」ということではありません。相手が傷つかないように、心情を慮《おもんばか》るのはとても大切なことです。「自分勝手でもオーケー」という話ではないのです。

一流の人は、日頃から「セパレートライン」を意識して人と接しているので、人間関係がとてもラクになり、自然で穏やかな気持ちで生きていられるのです。

POINT

一流の人は、自分のできる領域で全力を尽くす。

Section

51 相手の感情に巻き込まれない

目の前に機嫌の悪い人がいると、それにつられて自分まで不機嫌になる。

悩んでいる人と一緒にいると、自分まで落ち込んでしまう……。


このような経験がある人も多いのではないでしょうか?

しかし、相手の感情や状況につられて、同調する必要はありません。

相手が抱えている悩みや感情は、相手の「ゾーン」です。

「自分は自分、人は人」と割りきって物事を考えることが大事なのです。

マイゾーンとユアゾーンを区別して、セパレートラインを意識することは、自分の人生をしっかりと生きるための知恵なのです。

もちろん、困っている人がいたら助けてあげればいい。

人間なのですから、他人に同情することもあれば、一緒に涙を流すこともあるでしょう。

それはそれですばらしいことですが、自分の問題と相手の問題とを混同してしまうと、齟齬《そご》が生まれておたがいに不幸な結果になりかねません。

大切なのは、あなたが自分自身の人生をしっかり生きること。

そのうえで、自分のできる範囲で相手をサポートすればいいのです。

POINT

一流の人は、「人は人、自分は自分」と割りきる。

Section

52 目的なく「出会い」を求めない

最近は多くの人がＳＮＳを使っているうえ、さまざまなコミュニティ活動も盛んなので、出会いを求めたければ、コンビニでモノを買うくらい簡単にチャンスを手にすることができます。

しかし、こんな時代だからこそ気をつけなくてはならない落とし穴があります。

それは、目的なく出会いを求めることです。

交流している人の数が増えれば、当然集まりなどに誘われる機会も多くなります。その誘いがあなたの成長につながるものならいいのですが、それが実りのない無意味な時間を過ごすだけの集まりの場合は注意が必要です。

あなたが本当に求めているのは、「出会い」ではなく、「出会いの先にある未来」です。

その未来は、多くの人と出会うことで手に入るものではありません。

一流の人は、やみくもに出会いの数を増やすのではなく、「これは！」と思える相手としっかり価値観を共有し、たがいに高め合う関係を築いているのです。

POINT

一流の人は、出会いに「数」ではなく、「質」を求める。

Section

53 心を安定させる努力を怠らない

人の「心」は一つではありません。「優しい心」「意地悪な心」「弱気な心」「人をうらやむ心」など、一人の人のなかにも、さまざまな心が同居しています。

二流の人の心は、安定していません。まわりで起こることや他人の言葉に影響されて、心がコロコロと回転し、状況が変わるたびにいろいろな心が表面に出てきてしまいます。

一方、一流の人の心は常に安定しています。まわりで何が起ころうが、自分がどんな状況に立たされようが、いつも同じ調子で物事を考え人と接します。だから信頼を得ることができるのです。

これは、もともと備わっている才能のようなものではなく、努力によって身につい

たものです。

一流の人は、本を読んだり、物事を前向きに考える努力をしたりすることによって、自らの心を鍛え、常に「いい心」を前面に出せるように意識を向けているのです。

心は磨けば磨くほど、回転することが少なくなります。

だから、一流の人はいつも前向きで安定しているように見えるのです。

POINT

一流の人は、自分のポジティブな心の面を安定させるために、心を磨き続ける。

Section

54

「好き」と「嫉妬」は同じ感情の裏返しだと心得る

自分に非がないのに、悪口を言われた……。

こんな状況に直面して、落ち込んだ経験がある人もいるのではないでしょうか。

しかし、考え方を少し変えると、このような悪口がまったく気にならなくなります。

マザー・テレサは、「愛の反対は憎しみではなく無関心である」と言ったそうです。

この言葉からもわかるように、あなたにまったく関心がなければ、誰もあなたの悪口を言ったりしません。

もし、自分に非がないのに悪口を言われたとしたら、それはあなたの変化に対して相手が関心を持っているということです。

あなたの変化がその相手の嫉妬心をかき立てるものでなければ、人はあなたに賞賛を贈ります。

逆に、あなたの変化が相手にとって「うらやましく」「刺激になる」ものだった場合は、悪口や抵抗の言葉が出てきます。

賞賛も悪口も、根っこの部分は同じ、「あなたへの興味」なのです。

ですから、何を言われても、「この人は自分に興味を持ってくれているんだ」と考えて、前に進むことだけに集中すればいいのです。

それでも悪口が気になるときは、そんな言葉が聞こえなくなるような次元まで、突き抜けて成長しましょう。

POINT

一流の人は、自分に対する悪口は興味の裏返しだと考える。

Section
55
人を恨むことに時間を使わない

嫌いな人のことを考えて、イライラして眠れなくなる。誰しもそんな経験をしたことがあるでしょう。

しかし、あなたがその相手のことを考えて悶々《もんもん》と眠れない夜を過ごしているとき、残念ながらその相手は、高いびきをかいてぐっすり眠っています。

あなたを平気で傷つけるような人は、あなたが傷つき、自分のことを許せないと思っていることなんて、まったく気にしていません。それどころか、あなたを傷つけたことにすら気づいていないかもしれません。

ですから、そんな相手のために人生の貴重な時間を費やすのはもったいない。

一流の人はネガティブなことに時間を割くのではなく、その時間を使って好きなことをしてハッピーに過ごします。

うまいことに、人間の脳は、一度に一つのことしか考えられないようにできています。ですから、自分を楽しませてくれるものや、幸せにしてくれるものに心を向ければ、自動的に嫌なことを考えなくなります。

一流の人は、自分の視点を変えるのに長《た》けています。自分がハッピーな気持ちになることで、他人を許すという心の余裕も出てくることを知っているのです。

他人への恨みや悪口などのマイナスな言葉は、言わば〝心の雑草〟のようなものです。気を抜くと、いつの間にか生えてきてあなたの心を覆ってしまいます。

一流の人は意識的に、そして定期的にそれらを刈り取ることを心がけているのです。

POINT

一流の人は、思考をコントロールし幸せな時間を過ごす。

Section
56 他人を変えようとせず、つき合う人を変える

よく自己啓発書にはこんな言葉が出てきます。

「他人を変えようと思ったら、まず、自分を変える」

「自分が変われば、必ず相手も変わる」

しかし、一流の人は自分を変えてまで、相手を変えようとはしません。

そもそも、相手はこれまで生きてきた長い時間のなかで「自分」をつくり上げてきたわけです。その相手の「人格」や「考え方」を変えるのは至難のワザです。

あなたが自分を変えることによって、一瞬相手が変わったように見えても、すぐに元に戻ってしまうことがほとんどですし、その人の本質的なものはなかなか変わりま

せん。

ですから、一流の人は目の前の相手ではなく、「つき合う相手」を変えます。

こう聞くと「そうはいっても、上司や部下を取り替えることはできないよ……」と考える人も多いと思いますが、人間関係は上司、部下のような縦の関係だけではありません。

あなたには、「つき合う相手を選ぶ自由」があることをしっかりと覚えておいてください。

POINT

一流の人は、人間関係の選択権が自分にあることを知っている。

第9章
逆境

困難を乗り越え力に変える

【adversity】

Section

57 「辛いのは自分だけじゃない」と考え、苦しみを乗り越える

人は、何か大きな悩みを抱えると、まるで「不幸の世界チャンピオン」になったような気分になり、世の中で自分一人だけが悩んでいるような錯覚に陥るものです。

しかし実際には、すべての人が何かしらの悩みを抱えており、その悩みの泥沼のなかで、もがき苦しみながら「ピンチの裏側にある脱出口」を探しています。

どんなポジションにつこうが、巨万の富を手に入れようが、人は悩みから逃れられないものなのです。

一流の人と二流の人とでは、悩みを抱えて心が苦しいときの考え方が大きく違います。

一流の人は、「悩んでいるのは自分だけではない」ことを知っています。ですから、

「自分だけがどうしてこんな目に遭うのだろう？」という勘違いをしません。

そして、「苦しいのはみな一緒。自分だけがへこたれてどうする」と、自分自身を鼓舞《こぶ》することができるのです。

もしあなたが、大きな悩みに押しつぶされそうになったときは、どうか「私は一人じゃない」と考えてください。

それだけで悩みがどこかに飛んでいくことはないかもしれませんが、いくらか心が軽くなるはずです。

POINT
一流の人は、悩みからはけっして逃れられないことを知っている。

Section

58 小さなことで取り乱さない

二流の人はピンチが訪れると、必要以上にオロオロと取り乱して大騒ぎをしてしまいます。

しかし、一流の人は、ピンチのときでも落ち着いていて、やるべきことを冷静に分析したり、ときには冗談を飛ばしたりして、まわりの人たちを安心させようとするものです。

一流の人は、「本当に大切なこと」と、「たいした問題ではないこと」の区別が明確です。

ですから、めったなことでは心を乱しませんし、たとえピンチになったとしても、本質的な部分をしっかりと見定めて進むべき道を見いだし、難局を乗り越えることができるのです。

「何が大切で、何は捨ててもいい部分なのか」、それを見分けられるようになりたいものです。

POINT

一流の人は、本質を見て難局を乗りきる。

Section

59

「じゃあ、どうする?」と常に自分に問いかける

たとえば、楽しみにしていたイベントの日に大雨が降ったとき、あなたはどうしますか? ここで泣き言を言う人は二流です。泣こうがわめこうが雨がやむことはないからです。

一流の人は、「起こってしまったこと」や「自分ではどうにもならないこと」をいつまでも引きずることなく、「じゃあ、どうする?」と、すぐに次の手を考えはじめます。イベントの日に雨が降れば、そのイベントを雨の日なりに楽しむ方法を考えるわけです。

仕事がうまくいかないときも同じです。

彼らは、二流の人が焦ったり、落ち込んだり、もがき苦しんだりしている間に、「こんなときもあるさ」と開き直って、そのときにしかできない勉強をしたり、休暇

を取って充電期間にしたりして時間を無駄にしないようにします。

つまり、うまくいかない時間を、未来へ向けた布石を打つための時間に変えてしまうのです。

一流であれ、二流であれ、うまくいかないことはたくさんあります。そんなときにどう考えるかで人生の質が大きく変わるのです。

もしあなたが、自分ではどうにもできない想定外のトラブルなどに巻き込まれたらこう考えてみてください。

「自分に起こるすべてのことは、人生を輝かせるためのエンターテインメントである」と。

きっと心が軽くなるはずです。

POINT

一流の人は、自らの人生を輝かせる演出家である。

Section
60 すべての困難をゲームととらえる

人生が平穏無事に進めばこんなにラクなことはありません。

しかし実際には、どんなに順風満帆に見える人でも、幾多の困難を乗り越えてきているものです。

困難は誰にでも起こってあたり前。「困難がやってこないように」と願うことのほうが非現実的です。

では、困難に対して心が折れないようにするにはどうすればいいのでしょうか？

それは、「困難よ、どんとこい！」という覚悟を持つことです。

困難には「逃げる人を追いかける」習性があります。

それと同時に、「しっかりと腰を据えて向き合うと決めた人から逃げる」という習

性も持っています。

負の連鎖を断ちきるために、どこかで覚悟を決めて困難に向き合うべきときが必ずやってきます。

一流の人は、「起こる問題はすべて自分への試練」と考えて、それを乗り越えることを楽しむ力を持っています。まるでゲームをしているかのように試練に立ち向かうのです。こうして訪れる困難を一つひとつクリアして、自分のレベルを上げ続けていくるのでどんどん成長していくのです。

覚悟を決めた人には必ず光が見えてきます。覚悟が道を開くのです。
困難から逃げ続けていると、雪だるま式に大きくなっていきます。
そうなる前、困難のタネがまだ小さなうちに、しっかりと向き合い、一つずつ片づけていけばいいのです。

POINT
一流の人は、すべてを受け入れる覚悟を持って困難に挑む。

Section
61
逆境は「新たな物語のはじまり」と考える

一流の人は簡単にあきらめることがありません。
本当の成長は、逆境からはじまると心得ているからです。
困難や悩み、苦しみはすべてあなたを成長させるために存在するのです。
二流の人は、逆境に直面したとき、「もうだめだ」とあきらめてしまいがちです。
しかしそれこそが、あなたの新しい人生のはじまりなのです。

たとえあなたが今、どのような状況にあろうと、これまでの自分の行動パターンを捨て、新しい習慣を形成することは可能です。
それを身につけるために、変化と成長の扉を開けてください。自己変革の領域に入ることは、それだけでも神聖なことなのです。人生においてこれに勝る投資はありません。

「自分を成長させて困難を克服するんだ」とチャレンジしていくからこそ新しい物語がスタートするのです。

ですから、あなたがどうしても自分を変えなければいけない状況に追い込まれることは、じつは終わりではなく、物語の冒頭部分なのです。

自分を変えざるを得ない状況、もしくは逆境のことを「サクセスコール（成功への呼び鈴）」といいます。

人生にはいろいろなことが起こります。

楽しいことばかりなら、いくら受け身で生きても問題はありませんが、残念ながら、どんな人にも辛いこと、不幸なことは起こります。しかし、サクセスコールの存在を知り、自分の心持ちが変われば、人生は大きく変わるのです。

POINT

一流の人は、「サクセスコール」の存在を知っている。

第10章
感謝

感謝の本当の意味を知る

【gratitude】

Section

62 「感謝」を「恩返し」という形で表現する

「感謝は大切である」と多くの人が口にします。事実、「感謝さえできれば、成功は黙っていてもついてくる」といっても過言ではありません。

では、ここで質問。

「感謝」という言葉は、じつは「〇〇感謝」という言葉の略なのですが、〇〇の部分にどんな文字が入るかわかりますか?

答えは、「報」と「恩」。

「感謝」という言葉は、もともと「報恩感謝」の「報恩」という部分を省略したものなのです。

「報恩」とは、読んで字のごとく「恩に報いる」、つまり「恩返し」という意味。そして、最後の「謝」という字、これは「礼」という言葉を強調したもので、「礼」の最上級を表す言葉です。

ですから、「報恩感謝」とは、「恩を感じた人に最高の礼をもって報いる」という意味の言葉。

本来「感謝」とは、相手の恩に対して報いることではじめて成立するものなのです。

一流の人は、相手に感謝するとき、お礼の言葉だけではなく、感謝の気持ちを何かしらの「行動」や「形」で示します。

それは、「報恩」の大切さを知っているから。

どうか、あなたも行動をともなった感謝を心がけてみてください。きっと、いろいろなことが好転しはじめるはずです。

POINT

一流の人は、「感謝」の本当の意味を知っている。

Section
63
「すでにあるもの」に感謝する

少しだけページから目を離してまわりを眺めてみてください。何が見えますか？カフェにいる人はソファやテーブル、コーヒーカップ、誰かが使っているノートパソコンなどが見えるかもしれません。自宅なら、テレビやタンス、本棚などでしょうか。

あらためて見まわしてみると、私たちの環境がいかにモノであふれているかに気がつくはずです。

パソコンや携帯電話など、便利な道具に囲まれている私たちが、もし100年前にタイムスリップしたら不便に感じてしかたがないでしょう。

しかし、このような豊かな生活をしているのにもかかわらず、私たちはつい、「あれが足りない、これが足りない」と不満を口にしてしまいます。

そして、これはモノだけにとどまらず、お金、スタイル、ブランド、運など……、たくさんの〝手に入らないもの〟を「ないものねだり」してしまいます。

禅の言葉に「「吾唯足知（われ ただ たるを しる）」という言葉があります。

今、すでにあるものに気づき、感謝することができれば、人生は「ないことを嘆く悲しみ」や「欲望」から解放されて、豊かになるという意味の教えです。

不思議なことに、お金もチャンスも人望も、すべて「いつも感謝している人」に集まってきます。

一流の人は感謝上手です。

「ないもの」を悔やむことに心を砕くのではなく、まずは「すでにあるもの」にしっかりと感謝し、ほしいものが寄ってくるマインドを自分にセットするのです。

POINT

一流の人は、すべてに感謝することで必要なものを引き寄せる。

Section
64 「悔しさ」よりも「感謝」をバネにする

「悔しさをバネにしろ」

よく耳にする言葉です。

しかし一流の人は、「悔しさ」ではなく、「感謝」をバネにします。

「負けたときの負け綺麗」という言葉があります。

人間の真価は、勝ったときよりも負けたときに出るという意味です。

負けたときに「いい勉強になりました。ありがとうございます」と立派な態度がとれる人をまわりは「人間ができている」と評価するのです。

そして、こういう態度がとれる人は、いずれ必ず勝てるようになります。

一流の人は、勝っても負けても淡々としています。

そして、自分を負かした相手にさえ感謝します。

自分を成長させるきっかけをつくってくれた競争相手、自分を応援してくれた人に報いるという感謝をバネに、一流の人は自分を磨き続けていくのです。

POINT

一流の人は、負けたときこそ綺麗に振る舞う。

Section

65

けじめに手を抜かない

転職、結婚、人との別れ……。

どんな人でも生きていれば、大きな決断を強いられることがあります。

このときに大切なことは、どちらを選ぶかということよりも、どうやってこれまでの状況を締めくくるかということです。

一流の人は、人生の岐路を迎えたとき、今の心を未来に持っていこうとはしません。しっかりと引き継ぎをする、お世話になった人にできるかぎりの恩返しをするなど、やるべきことをやり遂げてから次に進みます。

人は状況が変わる際に、いい加減にされることを嫌がるものだからです。

一流の人は筋道をしっかりととおし、大きな信頼を得てから新しい道を歩きはじめます。

人はその人がどんな道を選んだかより、どう筋をとおしたのかをしっかりと見ています。

「信頼の残高」こそ、人間関係にとっていちばんの財産なのです。

POINT

一流の人は、次に進む前にやるべきことをやり遂げる。

第11章

夢

志で人の心を動かす

【ambition】

Section

66 夢は安易に語らず熟成させる

まわりに「夢」を語るにはベストなタイミングがあります。

それは、人から少々反対されても自分の心が折れないところまできたときです。

よく、「夢ははやめにまわりに宣言して、一歩を踏み出す原動力にするとともに、応援してくれる仲間を見つけるのがよい」と言われます。

これは、宣言をすることで、必ず支援してくれる人が現れるという考え方です。もちろんそのとおりなのですが、この方法はある種の危険もはらんでいます。

たとえば、会社員であるあなたが本気で小説家になりたいと考えていたとします。その時点で、まわりに「会社を辞めて、小説家を目指したい」と「夢」を宣言したら、どうなるでしょう。話を聞いた人の大半は「やめておいたほうがいい」と、あなたの夢を否定することでしょう。

こうした「善意のドリームキラー」は、どんな人のまわりにも必ずいて、あなたの夢が「いばらの道」だと思った瞬間、無条件であなたの夢にブレーキをかけようとします。

はやい段階でまわりの人に夢を語ると、こうしたドリームキラーの餌食になってしまう確率が高くなってしまいます。だからこそ、「夢」を語るにはベストなタイミングがあるのです。


一流の人は、本当に大切な夢を気安く語ることはしません。

ドリームキラーの存在や、まわりの人の嫉妬や羨望という負の面も知っているので、自分のなかで夢をしっかり育ててからはじめて公言して、いっきに支援者を獲得してしまうのです。

POINT
一流の人は、「ドリームキラー」を寄せつけないくらいに育ててから夢を公言する。

Section
67
「適度な飢え」を自分に課す

病気になると健康を求め、争いが起こると平和を求めるように、人は「足りないもの」があるとそれを求めます。その原因は「飢え」です。

ですから、**一流の人は、意識的に少しハードルの高い夢やゴールを設定し、自らを「適度に飢えている状態」にしています。**そうすることでモチベーションを継続させているのです。

夢や目標は達成したときより、そこに向けて歩いているときのほうが充実感を得られます。そう考えると何かに飢え、手に入れようと努力している人は幸せなのです。

POINT
一流の人は、自分を飢えた状態にして、その過程を楽しむ。

Section
68
相手の心に絵を描くように人を動かす

一流の人は、相手の心のなかに絵を描きます。

二流の人は、相手の心のなかに文字を書き込もうとします。


一流の人は、相手を説得しようとするのではなく、イメージを膨らませてもらうことに頭を使います。

相手を「動かす」のではなく、「自ら動く」よう、ナビゲートしているといってもいいでしょう。

いくら綺麗な言葉であっても、無理に相手の心に書き込んだところで、相手を動かすことはできません。

一流の人の話は聞いているだけで、聞き手の頭のなかにリアルな映像が浮かびます。

これは聞き手が自らイメージしているのではなく、じつは話し手が相手の心に描いているのです。

一流の人は人をワクワクさせる天才です。

かかわる人たちに、自分たちのすばらしい未来を期待させます。

夢が叶ったあとの世界、つまりラストシーンまでの脚本が頭のなかにしっかりと組み立てられていて、その物語を相手にイメージさせることで、人がその夢のために動きたくなる状況を生み出すのです。

POINT

一流の人は、人をその気にさせるのがうまい。

Section

69「野心」と「志」の違いを理解する

「夢」は人を惹きつけます。そして、その夢が叶ったときに、幸せになる人が多ければ多いほどよりたくさんの人が集まるのです。

たとえば、あなたが「億万長者になって豪邸に住みたい」という夢を持っていたとしても、まわりの人からは「がんばってね」という反応しか返ってきません。

しかし、「仕事を通じて社会を明るくしたい」「育ててくれた町に恩返しをしたい」「大切な人を幸せにしたい」という夢に対しては、力を貸したくなるものです。

このように、叶ったときに自分だけが幸せになる夢のことを「野心」といい、叶ったときにまわりの人も幸せにする夢のことを「志」といいます。

二流の人は、「野心」を抱きます。

一流の人は、「志」を抱きます。その結果、自分の希望を叶えることができることを心得ているからです。

夢を叶えるには、協力者が必要です。だから一流になる人は、目の前の人を常に大切にしているのです。

POINT

一流の人は、「この夢の向こうには何人の幸せがあるのか？」と考える。

Section
70
未来に夢を残す

「三流は金を残す。二流は仕事を残す。そして一流は人を残す」という言葉がありま
す。しかし、もう一つ上があります。
一流の上、つまり超一流は「夢」を残します。
結果を残すことで、自分自身があとに続くたくさんの人たちの夢になるのです。
かりに、その夢を自分で叶えることができなくても、それは〝タスキ〟としてつな
がり、あとに続く走者たちが、未来に大きな花を咲かせるのです。
幕末の維新志士たち。文明開化を後押しした明治の人たち。命をかけて国を守った
太平洋戦争の戦士たち。そして戦後、焼け野原のなかから、高度経済成長を経て、今

の豊かな日本をつくり上げた企業戦士たち……。途方もない数の名もなき英雄たちが築いた土台の上に、今私たちは立たされています。

その歴史を断ちきって、自分だけの人生にするのか、〝タスキ〟を受け取り走りはじめるのか、それは自分しだい。

そして、その夢は笑われるくらいでなければ大きく育ちません。その他大勢の人に笑われること、バカにされるということは、それだけで、その人たちのスケールをはるかに超えているということです。

一流になった人は過去の闇を光に変える力を持っています。今、人生において、困難な状況にある人や、あきらめかけている人に伝えたい。

階段を上るのはきついことです。

しかしここであきらめると、夢への階段を駆け上っていく人を下から見上げる人生で終わってしまいます。

泥まみれになってでも、今の自分を超えていきましょう。
まずは笑われることが、あなたの夢のはじまりなのです。

POINT

一流の人は、みな夢のタスキリレーの走者である。

おわりに

最後まで読んでいただき、ありがとうございました。

心を磨くというのは、地道で継続的な作業です。

本書を繰り返し読んで、書かれていることを一つずつ実践していただければ、自分でも気がつかぬうちに心が磨かれていくはずです。

一日一項目を意識するだけで、あなたの人生が大きく変わっていくことをお約束します。

「自分を変えたい」という思いの根底には、悩みや困難など、高い壁の存在があるはずです。もしかすると、今のあなたは輝かしい未来を思い浮かべることすら難しい状況にあるかもしれません。

一流の人になるということは、そんな過去を変えるということでもあります。

今あなたが、目の前の困難に打ちのめされそうになっていたとしても、歩みを止めずに心を磨き続け、いつの日か一流と呼ばれるようになったとき、「あの逆境や困難があったからこそ、今の自分がつくられたのだ」と感謝できる日が必ずやってきます。

そのとき、今悩んでいるその瞬間の苦しみが、輝かしい過去に変わるのです。

そう考えると、今の辛い状況を耐え忍び乗り越えていくことは、そのときのためのネタづくりみたいなものだと考えることができます。


情報の流れが加速し、ある意味生きにくい場面も多くなっている現代。5年先、10年先を読むことも難しくなってきました。しかし、それは表面的なもの。人の心の動きや感情だけは、何千年たっても変わりません。

しっかりと人間の心の本質を理解することは、人生をより豊かにするための武器を手に入れたということです。


これからの時代、何よりも望まれるのは、自分のなかにしっかりとした心の軸を持つことです。そのためには、多少のことでは動じないよう、自分の心を磨き続けていく必要があります。

本書が少しでもそのお役に立つことができれば、著者としてこんなにうれしいことはありません。


心は磨き続けることで、どこまでも綺麗に輝き、そしてどこまでも大きく広がり、物事をより大きく考えることができるようになります。

シンプルな表現になりますが、本書の最後に、あなたにこんな言葉を贈ります。


人生をけっしてあきらめないでください。

あなた自身をもっと認めてあげてください。

あなたは、あなたが思っているよりはるかに大きな可能性を持っていることを信じてください。


あきらめず、粘り強く、そして涼やかに……。

一流の人たちは、その世界であなたのことを待っています。

これから先、あなたが「一流の人」と呼ばれるようになることを確信しながら筆を置きます。

いつかどこかであなたとお会いできますように。

感謝。

著者

謝辞

本書の刊行に多大なご尽力をいただいた、かんき出版の朝海寛さん、重村啓太さんに心より感謝申し上げます。

いつも私を支えてくれる（株）人財育成ＪＡＰＡＮのみんな、永松塾の塾生たち、おかげさまでこの本が生まれたよ。いつも本当にありがとう。

これからも我々のコンセプトである「共に学び、共に輝く」を大切に、心を磨き続けていこうね。

永松　茂久

【著者紹介】

永松 茂久（ながまつ・しげひさ）

◉——株式会社人財育成JAPAN代表取締役。永松塾主宰。作家。大分県中津市生まれ。「一流の人材を集めるのではなく、今いる人間を一流にする」というコンセプトを掲げ日本全国で多数の講演会、セミナーを実施。ユニークな人材育成に定評があり、これまでの参加者はのべ38万人に上る。「人の在り方」を教えるニューリーダーとして、多くの若者から圧倒的な支持を得ている。

◉——大分、福岡で５店舗の飲食店を経営するかたわら、2017年より東京に拠点を構え、日本一の商人である師匠の教えと自身の経験をもとに、独自の指導法「永松式未来実現コーチング」を体系化する。この手法をもとに、セミナー講師、講演家、コーチ、出版を目指す人のための人財育成スクールである「永松塾」を開講。このほか、各種イベント主宰、映像制作、経営コンサルティングなど、数々の事業をこなす実業家である。

◉——一方、2012年より、鹿児島県南九州市にある「知覧富屋食堂ホタル館」の特任館長を務め、自身が提唱する「For You精神」を培う研修である「知覧For You研修さくらまつり」を行っている。

◉——著書に、『言葉は現実化する』『人生に迷ったら知覧に行け』（ともに、きずな出版）、『感動の条件』（KKロングセラーズ）、『出会いとつながりの法則』（大和書房）など多数。累計部数は90万部に上る。

一流《いちりゅう》の人《ひと》に学《まな》ぶ心《こころ》の磨《みが》き方《かた》　〈検印廃止〉

2017年９月11日　第１刷発行
2025年６月11日　第10刷発行

著　者——永松　茂久
発行者——齊藤　龍男
発行所——株式会社かんき出版
東京都千代田区麹町4-1-4 西脇ビル　〒102-0083
電話　営業部：03(3262)8011㈹　編集部：03(3262)8012㈹
FAX　03(3234)4421　振替　00100-2-62304
http://www.kanki-pub.co.jp/

印刷所——シナノ書籍印刷株式会社

 ISBN978-4-7612-7288-3 C0030